詩는 사물의 어머니요
내면의 세계 존재의 비다이다

신승희 시선집

설화

雪花

문학 도서출판 공감

시인의 말

시詩라는 문패 앞에서 날로 건조해지는 기계화시대 21세기를 살아가는 대열에서 시대적 변천, 구름 속에 가는 달이 따로 없다. 인간이 신을 능가할 수 없듯이 아무리 챗GPT가 똑똑하다고 해도 인간이 가진 감성은 다 담아내지 못할 것이라고 믿고 싶다. 챗봇이 활개치는 AI 시대를 살아가는 문학인으로서 읽는 이의 가슴에 신선한 산소로 만나고 싶다.

스마트 시대를 접하면서 어느새 챗봇의 언어유희가 등장하고 그 대열에 문학인의 한 사람으로서 인간의 존엄성에 대하여 깊이 생각하게 된다. 매연 날리는 도심 속에도 새벽 창가에는 지줄대는 새들이 있다.

"설화" 이번 시선집에는 『어머니의 강』, 『바람의 언덕에서』, 『곰메바위 아리랑』 저자의 3편의 시집에서 약 70편을 선정, 『설화』 시선집을 엮었다. 한 줄의 문장에도 글을 쓰는 화자話者의 작품에 따라 끊임 없는 탐구와 깨달음의 철학이 묻어 있다고 본다. 사물적 관념에 따라 그 향기도 다르겠지만, 글을 읽는 독자들의 가슴에도 그 사람의 세계관에 따라 시의 색감도 각각 다를 것이라고 본다. 사물적 비유에는 영혼을 움직이는 팩트가 있고 향기 나는 시일수록 심층 깊이 파고드는 울림이 있다고 생각한다.

"시의 향기가 삶의 향기요, 삶의 향기가 곧 시의 향기" 라고, 생각하기에 시를 짓는지도 모른다. 한 줄 문장에도 깨달음을 담지 않으면 시의 맥박이 뛰지 않아 고뇌하고, 때로는 은은한 난의 향기처럼 살아있는 글을 고집하는 이유는 한 편의 시에도 정성과 진솔함을 버무려야 맛이 나기 때문이다.

무형적 공간에서 보석을 찾는 일처럼 시 창작의 과정은 밤하늘 별처럼 멀리 있으면서도 때론 영혼의 변두리에서 눈물 머금고 반짝일 때도 있다. 어쩌다 별똥별로떨어지는 날에는 영롱한 언어의 조각들을 줍는다. 그리고 하나의 작품으로 일어서기까지 시의 바다에서 고뇌 의 노를 젓는다.

시라는 문패를 달고 무딘 펜 끝에서 도道를 닦는 일만큼이나 고뇌하는 시간도 있지만, 한 권의 시집으로 안길 때는 농부의 가을 들녘처럼 정신적 세계가 풍성해진다. 풍요로운 시의 알곡들이 시인의 정신세계를 다듬듯이 글을 읽는 이의 가슴에도 피톤치드가 되었으면 하는 바람이다. 다채로운 빛깔을 내는 아름다운 모국어로 언어 예술을 빚어내는 한 사람으로서, 詩사랑 이슬을 털며 또, 하루를 건너간다. 시의 풀밭에서 시인으로서, 소리 예술 시 낭송가로서, 문인화 작가로서 숨 가쁘게 걸어가는 것은, 태양을 바라보기에 이 하루 부끄럽지 않기 위해서다. 꽃 내음 그윽한 사월, 시의 갈무리로 펜을 놓으며 『설화』 일독을 권하고 싶다.

2023년 5월

차례

제1부

설화

제2부

바람의 언덕에서

차례

제3부

비화 飛花

제4부

풀꽃 같은 벗이 있다는 것은

차례

제5부

바다와 고래

제6부

제황산 전설

차례

제7부

시의 날개를 펼쳐라

제1부

설화

설화雪花

광설이 춤추는 긴 겨울
숨죽여 우는 설원의 땅 위에
허공을 외치는 작은 새는
하얀 미학의 노래를 부릅니다.

지난가을, 한 잎 두 잎 떨어지는 것이
낙엽 아닌 시간이라는 걸 알면서도
얼어붙은 빙하 붉은 입술의 동백을
나인 양 홀로이 바라봅니다.

그대 하얀 옷깃이 넓어 나목의 맨살을 에워싸며
언제까지 소복이 핀 순백의 설화雪花로
세상을 온통 하얗게 하시렵니까.

실어오고 실어가는 계절에
저 처마 끝, 고드름같이
언젠가 하나의 삶이 녹고 나면
설 눈 속, 복수초의 노란 미소로 피어날지…….

얼음장 밑으로 흐르는 물처럼
그 한 치 앞에서 나 또한
흐르고 있다는 덧없음을 알면서도
하얀 그대 앞에선 한없이 출렁이며
사슴처럼 뛰고 싶습니다.

Snow Flower

Long winter with wild snow
On the land of the snow where cry in silence
A little bird twitter in the air
Sing a song of white aesthetics.

Last autumn, even though I know it's time,
not the falling of one or two leaves
The camellia of the frozen glacial red lips
I look at you alone as if it were me.

Your white collar is wide
Wrapping around the skin of a bare tree
Until when, pure white,
do you want to make the world white
Snowflakes

In the season of carrying in and out
Like an icicle at the end of that eaves
Someday, when one life was melts
In the snow of the New Year, with an adonis yellow smile
Will it bloom...

As the water flowing under ice plate

I too, in front of that one inch,

Even though know the futility of the flowing

In front of the white of you, I oscillate endlessly

want to jump like a deer.

어머니의 강

어머니!
혹한 바람이 내 창을 두드리는 겨울밤엔
다문다문 잊었던 당신을 떠올리게 합니다.
지난밤 꿈속에서 당신을 만나
한없이 울었던 기억도 깨어나 보니
이유도 없이 그냥 슬퍼서입니다.
어찌 그리도 서럽던지

아직도 그 설움, 채 가시지 않는지라
노인들의 소식을 접할 때마다
문풍지 유난히 울던, 그해 겨울을 잊지 못합니다.
푸른 별빛 스며드는 시린 문살엔
한지의 설움이 노래하고
새끼줄 묶은 누런 초가지붕 아래
장작불 지피고도 추울세라
겉치마 하나 훌훌 말아서
문지방 막아 놓으시던 어머니
그 빛바랜 치맛자락
새삼 눈앞에서 흘러내립니다.

어머니, 오늘 같은 추운 밤이면
부르기에도 목이 메오는 당신
반딧불 같은 기억 저편
바느질로 지새우던 섣달의 긴긴밤
얘야 바늘귀 좀 끼워다오
등잔불 밑에 희미한 당신
이토록 가슴 저미게 하십니까.

평소, 인생무상이다
내 손이 내 딸이구나
이것이 무얼 의미하는 건지 그땐 몰랐지만
살아갈수록 되새겨지는 깊은 영혼의 파장
굳이, 그 음성 귀 기울이지 않아도
시시때때로 파도처럼 밀려옵니다.

살 속 깊이 파고든 무심의 강
그 무심한 등쌀에 밀려 그 소녀 역시도
바늘귀 좀 끼워 달라시던 당신처럼
어느새 그 자리를 바라보는 언덕에 섰습니다.
그 무심이란 세월 한 모퉁이를 돌아
이제사 알 것 같다는 말을 할 무렵
이미 살 속 깊이 전이된 세월 덧없음을
어머니, 어머니 당신은
그때, 알고 계셨던 것입니다.

바다로 간 강물은 돌아오지 않는다

둥지 떠난 새들은 집을 잃었을까.
고적한 침묵의 숲엔, 홀로 선 나목이 외롭다.
보일 듯 보이지 않고 잡힐 듯 잡히지 않는 무형의 강
그 강물 속엔 너도 흐르고 나도 흐른다.

어느 시인의 별 하나 그리움을 닮아가고
능소화 전설처럼 담 너머 바라보는 꽃이 되었을까.
빈 배의 사공 하현 달빛으로 분칠한 얼굴을 씻어본다.

밤을 이고 하루가 가고
하루를 지고 달이 가고
그달을 묶은 열두 달은
삼백육십 다섯 날을 쉬지 않고 실어 나른다.
오늘도 내일도…

목이 쉬도록 우는 바람아
아래로만 흐르는 강물아
수없는 계절이 땅에 눕고
수없는 시간이 바다로 간 뒤
백 년 강가에 이르면
비로소, 뜨거운 강의 의미를…….

불타는 놀

황혼 녘, 타는 놀 앞에 서면
동백의 입술보다 더 짙은
붉디붉은 가슴을 본다.

저 핏빛으로 불타는 놀 속에
언젠가 이 한 몸 뉘일 것을 알면서도
산다는 것이 무엇인지
살면서도 그 정의를 묻는다.

그리고 돌아서면 잊어버린다
그러면서 쌓여만 가는 허무의 이파리들
만리포, 천리포가 넓다 한들
저 불타는 놀의 가슴을 어찌 알랴.

바닷새 노닐다 간 자리
썰물에 맨살 드러낸 모래받
가늘고 맑은 긴 – 미세 혈관들
모래톱을 비비며 바다 품을 찾아가듯이
우리도 어느 한 곳을 향해
쉼 없이 쉼 없이 흘러가고 있다

소리 없는 전쟁

처음엔 스쳐 가는 바람인 줄 알았는데
뜨거운 태양의 계절, 여름이 오면
이 전쟁은 끝날 줄 알았는데
봄, 여름, 가을이 가고, 겨울이 와도
뉴스 채널마다 내리치는 코로나 번개

죽음마저도 우아하게 떠날 수 없었던
저– 밤하늘 크고 작은 희미한 별들
이천이십, 수많은 코로나 별인지도 몰라
추락도 접어서도 안 될 삶의 분기점
하늘을 나는 백학처럼 하얀 영혼의 날개 날개들
그 날개는 바람 앞에 깃털처럼 휘적이노니
항해하는 생의 뱃길 위에 어디 이뿐이랴

소국小國과 대국大國의 하늘길마저도
마비된 삶의 터전은 혈전처럼
지구촌 혈관을 잘 흐르지 못하고
공포는 소리 없는 폭탄으로 무형적 공간을 휘돌며
마디마디 저리는 저마다의 가슴 가슴들
하늘이여 정녕 모르시나이까?

소리 없는 전쟁은 격리隔離와 격리隔離 속에
삶의 바다 위에 휘적이는 한숨 한숨들
보이지도 들리지도 않는 지속되는 전쟁 속에
지칠 대로 지쳐버린 지구별의 아우성
무심한 세월은 나룻배처럼 말없이 계절을 실어 나르고
소리 없는 바이러스와 전쟁은 언제 끝이 날지

서리 까마귀 우짖는 아침,
떨어진 낙엽의 목쉰 노래가 이토록 슬플까.
아, 아, 사람과 사람이 자유도 행복도
얼굴 없는 마스크 가면에 갇혀
언제까지 이렇게 살아야 하는지를
진정, 묻고 싶은 저- 하늘에

웅천읍성

삼포왜란三浦倭亂 그 발자취
고스란히 남아 있는 이곳
동문의 견룡문見龍門
서문의 수호문睡虎門
남문의 진남루鎭南樓
북문의 공신문拱宸門
세종실록의 역사가 흐른다.

오백 년 사직, 충혼이 서린 이곳
돌성을 쌓기까지 오랜 세월!
무어라 한 서린 전설만 남긴 채
옛 성터는 보이지 않고
성벽에 흐르는 묵언의 흔적들

왜세의 말발굽에 짓밟힌 황톳길
그 성벽 밑으로 나부끼는 몇 잎의 가을 엽서
듬성듬성 서걱서걱 우는 바람은
동문, 서문, 남문, 북문을 두드리고 있다.

어둠 풀리는 서녘 하늘가
저 담청색 바다는 곱기만 한데
안골포 왜성 위로 나르는 한 줄 기러기는
충무공의 호각 소리를 기억하고 있을까
견용루見龍樓 서녘 하늘 유적지에서
웅천읍성 옛 노래를 띄워 본다.

낙화의 숨결 속에 봄날이 간다

땅에서 하늘까지
벚꽃 천국 문이 열렸다.
천국 문 안에는 노파의 굽은 등에도
팔짱을 끼고 걷는 연인들의 머리에도
푸성귀 같은 해맑은 아이의 볼에도
꽃비는 입 맞추며 흘러내린다

한 폭의 그림, 하늘 벽에 걸어놓고
제각기 감상하는 거리의 향연
기적 소리도 없는 침묵의 경화역 진해
핑크빛 사월이 가슴을 푼다.

꽃잎은 하염없이 바람에 지고
그대 연분홍빛 사랑도 흩날리는 향기도
속절없이 나부끼며 쌓이는 땅 위에
기차가 멈춰버린 폐간이역
낙화의 숨결 속에 봄날이 간다.

녹슨 철길 저 위로 나르는 한 마리 새야.
찻잔에 떨어지는 한 잎의 고독
너의 날개로 실어가려무나
이 홀로 젖어버린 꽃비 속에서
그리운 이 저물도록 그리운 날에
꿈길을 가듯, 꿈길을 가듯
낙화의 숨결 속에 봄날이 간다.

가을의 여자

언제부터인가
억새풀처럼 늘어나는 숲을 이고
물감을 찾아 거리를 헤매었다.
가을 문턱에 서서 머뭇거리는 여자
푸른 신록을 삼킬 만큼이나
아카시아 향기로 가득했던 오월
베란다 시도 때도 없이 피는 꽃처럼
계절을 모르고 피는 화분의 여자
가시 돋은 줄기 이슬 머금은 꽃망울
장미의 붉은 열정을 고집했던 여자
그 계절을 어디쯤 보냈을까.
돋아나는 그리움의 씨앗들은
녹색을 잃어가는 이파리이기에
더욱 간절하리라

계절이 계절이니만큼, 자주 뼈가 서걱대는
갈바람 소리를 듣고 하나둘 떨어지는
정원에 솔방울처럼 삶의 뜰에도
간간이 허무의 솔씨들이 떨어진다
들녘에 구절초가 웃는 날이면
더욱 젖어드는 음악을 듣고

가끔은 호숫가에 앉은 해오라기가 되는 여자
늘 뒷모습만 스케치하는 여자
가을로 가는 길목
결실의 풍요로움 위에도 달은 기울고
차면 비운다는 것 어디 달뿐이랴
익어간다는 것 비우면서 익는다는 것일까.
거울 속을 기웃거리는 여자
가을로 익어가는 여자

논개

한 조각 세월을 베었던가
빛바래지지 않는 꽃잎
살아 살아서 휘도는 너의 혼불은
어두운 밤 빛의 향연으로 흐르고 있구나.

푸르디푸른 남강南江 저 홀로 솟은 바위
그대 한 잎 꽃잎으로 가을 강에 피었구나.

낙화한 숨결 한 폭의 치맛자락
그대 숭고한 넋이여
그대 붉은 눈물이여
죽어서 태어난 이름이여
죽어서 살아있는 논개여

저문 노을 아래 스치는 발자취는
은빛 물비늘로 일렁이는 것을
아, 서럽도록 노래하는 바람이여
이 세월 억만 년 두고 흐른다 해도
그 한 맺힌 설움 어찌 잊힐 리야.

人生은 詩의 강

물이 곧 생명이듯
한 편의 명시는 마음의 샘물이 되고

세월이 인생을 물들이듯
한 편의 명시는 영혼을 물들인다

시인은 시를 노래하지만
시는 시인을 노래하고

해는 지기 위해 뜨는 것이 아니라
뜨기 위해지는 것임을

나고 멸함도
기우는 달 속에 있나니

서산에 추풍낙엽秋風落葉
어디 먼 산에만 있으랴

제2부

바람의 언덕에서

초우初虞

아침 안개 자욱한 유달리 차가운 날
노란 은행잎 뿌려진 금빛 길에서
천상과 지상으로 돌아선 등을 안고
숲 속의 짐승처럼 울부짖어야 했던
그 가을의 갈림길……

나뭇잎 떨어져 흙 위에 우는 날
한 영혼은 어느 북극성별이기에
저토록 푸르게 빛나는 것일까
한 잎의 이름으로 머물다간 자리
하나의 계절이 앉았다 가고
그 손때 묻은 건반 위에
별의 노래가 흐르는 밤

서리 맞은 풋호박의 신음도
억새 서걱대는 언덕배기 노래도
빛바랜 낡은 책 주인공의 기억도
실어 보낸 지 오래이건만
지금 통곡할 그 무엇이 남아 있어
메마른 갈잎을 타고 떠나는 것일까
연년이 찾아드는 금빛 길에서
천상을 향해 노를 젓는다

해무

호수 같은 그대
온화한 푸른 물결의 얼굴이여
찰싹이는 부드러운 숨소리여
소금 내음 휘감은 자욱함이여

심층, 깊은 곳
이 한 몸 뉘이고
눈먼 바닷새로 나 있거늘
너의 일렁이는 자디잔 비늘 위에
젖은 날개 펼치어 떠 있게 하려무나.

햇살 휘감아 숨겨놓은
저 해무의 가슴팍 얼굴을 묻고
그대 청색의 비단으로 나를 싸서
바다 밑에 잠재운다 해도
너의 숨결 위에 출렁이며
한 마리 바닷새로 흐르고 싶다

오일장

봄을 파는 사람들이
봄을 사는 사람들로 붐비고 있다.
살아 출렁이는 삶의 물결
진해 오일장 경화 장날이다
쑥, 달래, 두릅, 씀바귀, 겨우초, 방풍,
머위, 비비추, 돌나물, 취나물, 원추리
노파의 굽은 등은 가는 발길 세우고
취나물 한 움큼 더 얹어 놓는다
봄을 담은 장바구니 제각기 무겁다.

나는 이 부드러운 봄나물들을
무치고 버무려서 저녁상에 올리기까지
주름 깊은 얼굴 굵은 마디의 손
북적이든 장터의 숨결이 귓전에 걸려 있다.
봄 햇살 따습게 정 주고 가드니
허공에 연분홍빛 노점을 차린 그대
그대 이름은 진해 벚꽃

이렇게 좋은 날에 이렇게 좋은 날에
사랑과 희망이 살아 출렁이는 오일장
나는 진짜 봄을 사러 간다
흙의 맨살을 만지며 지갑을 열었다.

천리향 한 그루, 자몽 두 그루,
이 꽃이 지고 나면 올가을엔
노랗고 빨간 행복이 주렁주렁 달릴 것이다.

슬픈 눈동자의 소년

소년의 머리카락은 장발
부는 바람 없어도 휘감긴 얼굴
한 생각 바꾸면 낮이요
한 생각 바꾸면 밤인 것을
푸른 날개를 접고 방황하는 영혼아
밤하늘 영롱한 별빛만큼이나
찬란했던 푸른 꿈은 어디에 접어두고
교문 아닌 교문을 두드리고 있단 말인가
가슴 한, 켠 무한한 밀물 썰물 따라
섬은 등대로 서서 희망의 등불을 비추고 있건만
저 넘실대는 푸르디푸른 바다
배 한 척 띄우지 못하고 날 저물면
그 뜨거운 핏줄 어디에 쓸 것인가.
푸른 소년이여! 이렇게 좋은 날에
아침 햇살과 맑은 바람의 손을 잡고
꿈과 희망을 실어 볼만하지 않은가.

비 온 뒤 오색의 무지개가 아름답듯이
한 방울의 빗물이 땅을 적실 때
그 빗물이 모여 강을 이루고
그 강물이 흘러 바다가 되는 것은
뜻이 있으면 길이 있다는 법 아니겠니
효가 근본이듯 존재의 두 글자 소중함을 알게 되면
세상은 감사와 사랑으로 달라질 걸세
아가야! 아니 슬픈 눈동자의 소년이여!
뜰 앞에 오동잎이 가을 소리를 전하기 전에
이 계절에 알맞은 옷을 입고 너의 푸른 바다
푸른 이름으로 희망의 돛대를 올려 보자꾸나
저 넓은 삶의 바다를 향하여

흑백다방

세월이 흘러도
흩어질 수 없는 마음처럼
그 시절 그 노래가 있다

스마트한 시대 급물살에 휩쓸리는
빠른 걸음걸음들 상관없이
도심 속의 한 모퉁이 흑백다방
육십 년대 이름 그대로
들녘의 핀 들국화처럼 향수를 안고
그 시절 유일한 가슴으로 남아
애틋한 눈으로 바라보게 한다.

검고 작은 글의 간판은
한 번도 화장하지 않은 얼굴로
노파의 등같이 구부정한
낡은 입구 대문 위에서
늘 비에 젖고, 바람을 맞는다.

수많은 비밀 간직한 채
먹먹해서 오히려 좋은 흑백다방
세월도 간혹 머물다가는
이 시대 문인들의 구름 같은 공간

사월이 오면
벚나무 가지 망울져 올라
그 앞에 두 개의 맷돌이 더욱 운치 있을
진해, 중원 로터리 흑백다방

한 폭의 세상

선홍빛으로 물들이는 황혼 녘
한 폭의 세상이 이곳에 있다.
도심 속 외치는 물결처럼
연육 교 밑으로 흐르는 물살은
저무는 놀 속에 함께 번득이며
비행하는 바닷새 휘젓는 날개 아래
출렁, 출렁, 일렁일렁 바람의 힘을 빌려
구호를 외치며 흘러가고 있다

제각기 색깔을 내세우는 세상
그러면서 미워하는 세상
그러면서 사랑하는 세상
그러면서 함께하는 세상
그렇게 흘러가는 세상

옛 성인의 말씀을 빌리지 않아도
돌아서면 백 년, 하룻밤 꿈인 것을
때론 폭우 속에 젖기도 하고
때론 믿는 돌에 발등도 찍히면서
산과 구름 사이 바다와 하늘 사이
가까우면서도 먼 사이 멀고도 가까운 사이
바람 앞에 구름이 흘러가고 있다.

이보게 친구

꽃이 꽃의 아름다움을 서로 나누듯이
사랑은 그렇게 피어나는 거야
사랑은 그렇게 향기로 오는 거야
철이 아닌데도 먼저 필 때도 있고
한창인 철에도 늦게 필 때도 있지
비바람에 흔들리다 보면 다 그런 거지 뭐
살다가 보면 꽃이 생이고 생이 꽃이라는 것도
세월 깊이 들어가면 알게 되는 거지
누구나 가슴속에 외로움은 서식하고
누구나 크고 작은 쓰나미는 있는 거야
그게 삶의 내용 아니겠니

맘껏 촌스러워지고 싶은 날엔
컬컬한 막걸리 같은 웃음 한 사발로
정 묻은 밭두렁 언덕에 가서
보리밥 오두막 노래도 부르다가
어쩌다 풀꽃 같은 친구 만나면
제비집 같은 둥지를 틀고
낮에는 치자꽃 향기로
밤에는 부엉이 울음소리로
다시 피워나 보는 거야
늘, 봄 같은 생의 꽃으로 말임세

어물전

진해 중앙시장 지하 어물전에 가면
하나둘, 문을 닫은 점포들이 왠지 서글퍼진다
저물녘은 아직 먼발치에서 서성이고 있건만
서둘러 펼친 어물전은 불이 꺼지고
수족관 너머로 비릿한 생선 내음만
노파가 앉았던 자리를 쓸쓸히 메우고 있다

몇 달 전만 해도 이곳에서
조기를 사고 해조류를 샀건만
등 굽은 백발 할머니는 보이지 않고
텅 빈 노점에 고무줄로 묶은
비닐 더미만 덩그렇게 앉아있다
얼마 안 가서 세월의 뒤안길로 사라지면
그리워질 어물전

이분들이 세상을 떠나고 나면
장사할 그 아무도 없다는 숙덕임이
먼발치에서 비릿한 내음에 섞여 귓가에 들린다

한 시대의 노래가 저물어가는 어물전
나 역시도 오랜만에 찾은 재래시장이니 오죽하랴
깎아 주고 덤으로 더 얹어주는 인정미
그 인정미도 하나둘 저물고 있다

모닥불처럼 꺼져가는 어물전 앞에서
스마트 시대 밀려 세상이 달라지고 있다
수많은 사람들이 북적대는 대형 마트에는
환한 불빛이 도심의 거리를 활주하고 있다

바람의 언덕에서

살아가는 것은 다 바람이다.
생을 사랑한다는 것은 바람 속을 걷는 일이다
벽을 타고 오르는 담쟁이로 흔들리는 갈대의 몸짓으로
장대비 같은 폭우 속에서 휘적이는 날개의 젖은 모습으로
가끔은 태풍에 쓰러진 잣나무의 굽은 등으로
때로는 해일이 스쳐 간 잔해 위에 아이의 울음으로
비틀대는 바람 속의 숨 가쁜 걸음걸음들

한때, 모국어도 바람에 쓸려갔다 되돌아오지 않았던가
민초에서 천하의 진시황도 떠난 것은 바람이다
심산유곡 산새로 지저귀는 것도
바위 틈새 해풍을 먹고사는 것도
한 잎 출렁이는 이파리같이 인연의 물결 따라 밀려왔다
밀려간다.
우리 모두 냉정한 바람에 실려 가는 구름, 구름들이다

이래 스치고 저래 스치는 구름 구름들
이래 스치고 저래 스치는 바람 바람들

저 하얗게 질색하는 절벽 밑 바위를 봐라
멋지고 잘생긴 수석의 볼을 철썩, 때리고도
그것도 모자라 흰 거품을 물고 사방을 흩트리며
성난 용의 몸부림처럼 꿈틀대며 달려드는 파도
이 세상 바람으로 생기는 일이다
우리 모두 바람 앞에 돌아가는 언덕에 풍차일 뿐이다

풀빵

하얀 겨울 썰렁한 장날
혹한의 기세가 등등한 오후
구수한 풀빵 내 움이
찬바람에 업혀서 어깨를 툭 치고 간다

돌아보니
따끈한 내음의 구수한 유혹
그래 참말로 오랜만에 보는 옛사랑이구나
살며시 다가오는 희미한 그림자
따습은 온기로 포옹하며
가는 옷깃을 잡는다

언 골목길 –
"풀빵, 묵어보고 사 가이소 풀빵."

한때 참 많이 사랑했지
잊지 못할 산업화 시대
잠시 스치는 회상, 그때 그 시절
시린 손으로 지갑을 연다
붕어빵 한 마리 더 얹어주는
한국인의 인심 풀빵 아지매
호호 손을, 불며 한입 베어
옛 추억을 먹어본다.

제3부

비화 飛花

비화飛花

누가 너의 눈물을 아름답다고 했던가
거문고의 선율 같은 몸짓으로
신화의 선녀 같은 옷깃으로
무리 진 나비의 날갯짓으로
가는 곳 어딘지 몰라도 아름다운 작별
천 년이 흐른들 너의 마음 어찌 알랴

바람의 냉혹, 떨고 있는 숨결들
한가락 음률의 신음들을 누가 그리도 아름답다 했던가
허공에서 허공으로 어디로 가서 머물지 몰라도
싸늘한 흙 위에 싸락눈, 너의 이름은 비화飛花

숙명은 너를 내몰아 계절의 역사를 만들고
찬 서리 튼살, 새의 발톱 자국
혹독한 긴 겨울 망울망울 잉태한 산고의 인내를
어찌 그리도 쉽게 보낼 수 있으랴

달무리 지는 저녁 담 파릇이 적시는 빗소리
분홍빛 연정 사월이 걷는 소리
오가는 행인들의 발걸음 소리, 노파의 기침 소리
애수의 잠기는 어느 시인의 미학적 선율
창백한 노을 앞에 식어가는 너의 뒷모습을
차마, 누가 꽃답다고 했던가
너의 이별의 몸부림까지도.

*비화(飛花): 바람에 흩어져 날리는 꽃잎

어느 엄마의 고백

아들아!
저 창공을 날으는 한 마리 철새도
알에서 막 깨어나 퍼덕일 때가 있었듯이
둥지 안에 새처럼 너도 어미 품에서
퍼덕이며 말과 글을 익히며
포롱거릴 때도 있었단다

잉태한 너를 풀어놓은 창가엔
너를 위한 기도로 채우고
희망의 배를 띄우는 날엔
너의 작은 가슴에서 우러나는 효심
어미의 두 손을 모으게 했단다

한때는 바위 같은 삶이 버거워
하늘을 우러러 원망도 설움도 던졌지만
눈을 뜨면 새로운 태양이 비추고 있었지.
그 보듬은 세월이 얼마나 흘렀으면
얼룩 군복에 늠름한 군인이 되었구나

수없는 계절이 땅에 눕고
냉혹한 삶의 전선에서
네가 있어 내가 존재한다는 거
엄마의 버팀목이 바로 너희였음을
아들아! 고백한다

만월滿月

천지를 밝히는 당신은
모시 저고리 옷소매 걷으시고
사뿐사뿐 청마루 걸으시는
울 어머니 버선발로 오십니다.
천지를 밝히는 당신은
매미 소리 저문 베틀에 앉아
누런 거친 올 삼베를 짜던
굵은 마디의 손길로 오십니다.

고요는 비단 치마 어둠을 휘덮고
가볍게 떠오르는 당신의 발길은
옛 초가지붕 별빛을 뿌리는 저녁
호박 넝쿨 언덕 돌담장을 넘어가고
눅눅한 장맛비 흔들리던 이파리들
굵은 빗방울에 찢겨 쓰러지고
바람이 뜯어간 살점 없는 손으로
돌 틈을 타고 오르기까지
긴 아픔 어이하셨나요.

저 작은 풋호박이 누렇게 익어가는 것처럼
이제야 둥근 당신을 닮아가고
산허리 고즈넉한 당신의 모습에서
나 또한 달이 되어 흘러가는 나그네임을
수없이 오고 간 계절 앞에
저 작은 풀잎 하나의 소중함을
내 뛰는 맥박 안에 담아놓고
간절히 돋아나는 날에
나의 가을도 당신 만월로 채우고 싶소.
개구리 소리 합창하는 논길에선
삽을 든 농부가 가을을 기약하듯이

백 년 약속 (결혼축송)

나는 당신을 사랑합니다
오늘도 내일도 그리고 그 내일도
당신의 손을 놓지 않을 것입니다

나는 당신을 사랑합니다
햇살 가득한 날이나 비구름 걷는 날이나
달밤이나 그믐밤이나 별은 그 속에서도 반짝이고 있듯이
변함없이 나는 당신 곁에 있을 것입니다

나는 당신을 사랑합니다
지금의 젊음과 아름다움만을 사랑하는 것이 아니라
과거와 현재를 지나 먼 후일 백 년 강가에서
당신의 작은 꽃잎마저도 존중하며 사랑할 것입니다

나는 당신을 사랑합니다
이 순백의 웨딩드레스와 연미복을 입고
둘이 하나로 태어나는 이 순간 이날을
나는 매년 수첩에 기록하겠습니다
좋은 날에 장밋빛 좋은 날에
청실홍실 꿈을 가득 실었습니다
인연이란 하늘의 뜻이요 땅에 축복이니
감사의 절을 어찌 올리지 않을 수 있겠습니까

나는 당신을 사랑합니다.
마주 보는 눈동자 백 년 강가에서
나는 당신을 사랑합니다.
마주 보는 눈동자 백 년 강가에서
오직, 소중한 나의 한 사람 손을 잡고
이 푸르른 풀밭, 한창이던 꽃잎을 세며
먼 훗날 억새꽃 필 때까지
당신과 영원히 함께 거닐 것입니다

북극성을 바라보며

아침이면 유독 뿌연 하늘과
한낮에 찌는듯한 이 숨 막힘
아이스커피 한잔으로 식혀보지만
뜨거운 물에 얼음일 뿐,
에어컨 바람만 부둥켜안고
이래도 저래도 칠월 땀방울은
삼복더위 치마폭을 벗어날 수가 없다
낮이면 매미 소리 하늘을 찌르고
밤이면 영롱한 별 대신 한증막이다
뜨겁게 달구어진 대지는 검은 밤에도
식을 줄 모르고 온열을 뿜어댄다
칠월 이런 날엔 어쩌란 말인가.
가을바람이 너무도 그립다.
한 통의 편지라도 부치고 싶다
어서 오라고 문자를 보낼 수 있으면 좋으련만
순리를 따르는 자연의 철칙 앞에
결실의 선물인 줄 알면서도
풍요의 들판, 그 열매를 기다리면서도
숨 막히고 눅눅해서……

아, 이런 날엔 저 밤하늘 북극성에는
왠지 차디찬 빙산이 있을 것 같아
내일 만날 태양은 저 북극성에서
뜨거운 몸을 식히고 오면 좋으련만
숨 막히는 칠월 이런 날에
작은 곰 자리 북극성을 바라보며.

모정母情

고이 접어 당신께서 주신 모시 홑이불
막내딸, 시집보낼 때 주신 보물이라고
장롱 속 깊이 간직했건만……
세월이 얼마나 흘렀으면 접어둔 자리마다
새겨진 당신의 말씀, 성서처럼 일어설까.

손수 짜신 당신의 모시 한 필
그 굵은 올의 모시 한 필에는 먼 산 부엉이 울음도
귀뚜라미 울음도, 낙엽 지는 소리도, 당신의 노랫가락도
베틀 소리도 담겨있어 아끼고 아낀 것이
삭고 삭아 이토록 적실 줄이야.

묵은 먼지 털어내고 골 깊은 주름 다시 펴서
청옥 빛 저 햇살에 헹궈내어도 보지만
그곳엔 따스한 온돌방이 있고 호롱불이 있고
동백기름에 은비녀 그리고 빛바랜 치마
산비탈 들국화 내음까지도 가득한 이 저녁
한 해 두 해 늘어나는 홀씨 같은 머리이고
백발 당신 앞에서 나무람을 듣습니다.

"자고로 여자는 살림을 잘해야 혀"
"시집가서 버릴망정 여자는 다 배워 가야 혀"
"그래야 시집가서 친정 부모 욕을 안 먹이는겨,
모락모락 굴뚝의 연기같이 피어나는 말씀들
계절이 하나씩 바뀔 때마다 속담 같은 꽃잎으로
하나둘 피면 시들고 시들면 핀다.

스마트 시대 좋은 이불들이 천지인데
창호지 문에도 어울리지 않을
삭아 흐늘거리는 이 모시 홑이불 하나
진정 버리지 못하는 나는
한 잎 추풍낙엽 되면 모를까
올올이 묻어있는 당신의 모성애를
차마 버리지 못하는 것입니다.

삶

폐지를 실은 리어카 한 대가 끙끙대며
가는 둥 마는 둥 오르막길 도로에서 얼쩡거리고 있다
빵! 빵빵! 그 빵빵대는 자동차 앞에서도
어눌한 동작은 비켜설 줄 모른다.

그는 굽을 대로 굽어서 상체가 없다.
둔한 걸음과 하체만 보일 뿐,
백발은 엉성한 폐지에 기댄 채
도시의 매연과 소음을 담고
리어카에 상반신이 실려서 가고 있다.

빌딩 모서리엔 상현 달빛 한 줄기
폐지 위에 앉아 굽은 등을 만지며
말없이 실려 간다
한 잎, 낙엽 같은 밤
하얀 입김마저 고독을 이고, 배고픈 저녁
백발 걸음이 쇠사슬처럼 무겁다.

저만치서 심층 깊이 파고드는 성당의 종소리
차고 어두운 도로 위에서 살기 위한 가쁜 숨소리
어쩜, 소리 없는 삶의 전투 현장일지도
황혼 녘, 그의 마지막 텃밭일지도
아– 살아 있음에……
당신의 굽은 등에서 모두의 등을 본다.

달의 변천

그 옛날 보름달에는 계수나무 한 나무
토끼 한 마리, 이태백이 있었는데.
그 옛날 보름달에는 옥도끼 금도끼
초가삼간도 있었는데
달의 사랑 달의 가슴이 변하고 있다

성조기를 꽂아 놓은 달의 표면,
암스트롱과 올드린 달의 발자국,
암반과 지반을 지고 오던 날
계수나무도, 스러지고 초가삼간도 내려앉고
이태백도 토끼 한 마리도 우주 숲으로 사라졌다.

달아, 달아 밝은 달아 이태백이 놀던 달아
저기, 저기 저 달 속에 계수나무 박혔으니
옥도끼로 찍어내어 금도끼로 다듬어서
초가삼간 집을 짓고 양친 부모 모셔다가
천년만년 살고 지고 천년만년 살고 지고

한 세상 부르던 울 어매 달 노래
돛대도 아니 달고 삿대도 없이 멀어진 달
그 달이 나를 품어 흘러가고 있다
하늘에서 흐르던 달이 내 안에서 흐르고 있다

호수

서산에 해지면
그림자도
묻히는 줄 알았건만

휘영청
달 아래
연못에 잠긴 왕버들

언제 심었던가

내 호수에도
왕버들 나무 하나
자라고 있었네.

수채화 같은 한 사람

당신은 누구십니까
가끔, 이파리 무성한 나무로 서서
석산에 돌처럼, 바라보다
연기처럼 사라지는 당신은 누구십니까
돌연, 안개로 피어나 시야를 흐리게 하는
당신은 누구십니까

은하수를 만드는가 하면 조각달도 띄웁니다.
구름을 풀어놓는가 하면 비도 내리게 합니다.
가끔은 부드러운 풀잎 위에
이슬방울처럼 아슬하기도, 하는
당신은 누구십니까

이글거리는 광선이 다하는 시간
석양이란 이름으로 바다 저 끝에
붉게 피어나는 수채화 속 놀 같은
당신은 누구십니까

어제도 오늘도 이파리 무성한 나무로 서서
석산에 돌처럼, 바라보다
연기처럼 사라지는 당신은
당신은 누구십니까

제4부

풀꽃 같은
벗이 있다는 것은

곰메바위 아리랑!

어둠 속에 전설은 더욱 선명하다.
한줄기 영롱한 빛을 따라
전설은 서투른 날갯짓으로
초저녁 흘리는 달빛 아래 퍼덕이고 있다
눈길 닿는 저곳, 영혼마저 걸린 달빛으로 서서
그리워 저물지 못한 저 산마루 시루봉
오백 년 아리랑이 허공에 가슴을 푼다
웅산 정상에서 흐느끼는 달빛
침묵은 무거워 흐느끼는 볼에 눕고
비련의 아천자 전설에 감기운 채
희끄무레 스치는 작은 바람들
태어난 자리에서 우리는 누구인가.
우뚝 솟은 시루봉이 소리치고 있다
아리랑, 아리랑 아라리요
밤하늘 곰메가 부르고 있다
조선이라는 태를 두르고 순종의 무병장수
명성황후 백일기도 한 맺힌 역사가 전설 속에
흐느끼고 있다

곰메여
한마디 말도 없는 곰메여
웅산 정상에 묻힌 전설이여
외세의 말발굽에 짓밟혔던 아리랑이여
단 한 번, 흰 바람이라도 붙잡고
곰메의 가슴을 풀어놓고 싶지 않은가.
명성황후도, 비련의 아천자도, 할배 할매도
넋이 감겨 우는 거암 시루봉 곰메여
아리랑, 아리랑 아라리요
강물은 흐르고 있다
강물은 흘러도, 저 시리도록 푸른 별들
억만 년 그 자리에 있었으리라
곰메여, 눈을 뜨고 말이다

섬진강에서 띄우는 배

하늘과 땅 바람 앞에 이 마음 환히 늘어놓고
한 자락 휘도는 바람 어귀에
청옥 빛 저 하늘을 나는 새들이여

나는 묻노라 묵언의 저 강물처럼 우리들의 해후
얼마나 기다렸든가 얼마나 갈망했던가
이제 입을 열고 이제 귀를 열고
금빛 물비늘 치는 저 물살처럼
내 호숫가에 일렁이는 목마른 바람들이여

천불산 천불탑 두 손 모았던 여느 날처럼
꽃눈 내리는 매화 언덕에 간절한 사랑 묶어놓고
굽이굽이 기운 한 세월 빛바래져 가는 노을빛에
그 마음 어찌 잊을 리야

여울목 같은 삶의 물길을 돌아 샛강의 갈림길
허나, 다시 하류에서 만나 큰 강물로 흘러야 할 우리
그 먼 길 돌아온 저 끝에 아늑히 흐르는 온유한 강물이여
어머니 품속 같은 고향의 하늘이여

다시 만나는 강 모래밭에
천 년을 흘러 또 천 년이 흘러도 흘러야 할 너의 심장처럼
너의 푸른 숨결 위에 갈맷빛 사랑의 배를 띄운다

나의 노래

가을은 언제나 나의 건반 위에
낙화落花의 숨결로 숨어들고
태양을 바라보기에 부끄럽지 않기 위해서는
이 하루 곱게 단장하는 사랑초가 된다

이것이 숨 가쁜 삶의 내용이기에
먼 별에서 온 탱고의 음표처럼
시인은 시를 노래하고
시는 시인을 노래하고 있다.

햇살만큼이나 하루에 충실하고, 싶어
계절의 철칙에 손 흔들며
하늘을 우러러 두 손, 모은 날엔
알알이 엮은 소중한 하루하루
가슴 밭에 씨 뿌리고 가꾸는 날이다.

나, 아직도 단풍 물 짙은 숲길에서
갈색 풍경화를 스케치하다 잠이 드는
언덕의 철없는 꽃사슴 마냥
오색 빛 무지개 꿈속을, 헤매기도 한다.

지나고 보니 알겠더라

계절이 지나가는 길목에는
떠난 이의 뒷모습을 참 많이 닮았어라
비 온 뒤 산허리 휘감은 운무 속에
한때는 산이 되어 앞을 보지 못하고
눈멀고 귀먹은 소설만 읽었더라

살아 숨 쉰다는 것
한 송이, 풀꽃을 닮았어라

한 점 부는 바람 앞에
빛바래져 가는 꽃잎이라는 것도
천 년 아닌 백 년 꽃잎이라는 것도
세월 깊이 들어가니 이제야 알았더라.

한동안 내가 내를 잊고 살 때는
봄, 여름, 가을, 겨울, 가고 오는 줄 몰랐더라.
해 시계 등에 지고 숨 가쁘게 돌다 보니
밤하늘 별도 달도 있는 줄 몰랐더라.

나 지금 묻노니 그 최선이었다는 거
그것이 바로 산다는 것이었어

벚꽃 장 각설이

십 일간의 장터 진해 군항제
해마다 찾아오는 각설이 무대
헐렁한 안경 어정쩡한 바지
어깨춤을 추는 중절모에 뿔테 안경
지나가던 걸음이 함께 궁둥이를 흔들어댄다

도심의 소음을 채우는 난리 벚꽃 장 각설이
우습게 분장한 신명은 더욱 허공을 찌르고
걸쭉한 입담 멋들어지게 부르는 접속곡
그 쉰 듯한 트로트 한 서린 음표 따라
지나가는 입가에도 벚꽃이 피었다

거리에 대세를 이루는 각설이 한나절
햇살마저도 웃으며 놀다 가는 날
노파의 주머니가 여기저기 열리고
각설이 머리엔 몇 닢의 이파리가 꽂힌다
지칠 줄 모르는 거리의 앗싸 노래방
벚꽃잎마저도 한들, 한들 춤추며 내리는
중원 로터리 각설이 한마당
진해 군항제 십 일간의 장터

하늘 누리

그냥 지나칠 수 없는 이곳
해와 달 무수한 별들이 널려있을 것 같아
저- 하늘 속으로 들어가 본다

붉은 황토 흙벽에 굵은 새끼줄 무늬
초가집도 아닌 버섯 집
통나무 찻집 하늘 누리

고독이 서식하는 날이면
저 무한대의 공간 하늘에 올라
오색 빛 훨훨 거물을 치고
한 마리 기러기는 계절이 두고 간
이삭을 줍는다

카푸치노 차 한잔에 실어오는 소금 내음
창 너머 안골포 잔잔한 청빛 바닷길
물살을 가르는 크고 작은 어선처럼
가난한 시 한 줄에도 하얀 포말이 인다

그녀

어느 날이다, 십 년의 해후
그녀는 소낙비에 젖은 풀잎처럼
함초롬 젖어 있었다
차 한 잔을 앞에 놓고 하는 말
내가 이렇게 될 줄 몰랐다

결국, 볼에는 두 줄기 빗물이 흘러내린다
그 당당한 기풍은 어디로 가고
들녘에 비 맞은 구절초 한 송이
바람 앞에 흔들리듯 앉아있다

한 사람의 분신인 반쪽을 흙에 묻고
남은 자의 통곡 그 비애는 짐작이 간다
백 년 설정 하나로 함께한 부부
그러나 이것이 삶의 내용이기에
생이란 허무의 이파리 본래의 자리로
돌아간 것인지도 모른다

백 년의 무대 채 마무리도 못 하고 막을 내려도
미운 정 고운 정, 묻을 대로 묻은 정은
털고 털어내고 닦고 닦아도 둥지 안에는
분신인 또 하나의 지줄대는 새들이 있다.
눈 감으면 무릎까 그 빈자리……

빈 둥지

내 가슴 뜨락에 서면
맑은 햇살, 맑은 바람 지저귀는 새소리
어미 새의 먹이를 기다리다 곤히 잠이든
둥지 안에 새들이 있다.

황혼이 숨어드는 하늘가
그 노래 밀물 따라 밀려올 때면
생의 한 페이지를 넘기고 또 넘겨도
언제나 포롱대는 새들이 있다.

제각기 삶의 무게를 달고
날아간 지 오래이건만
빈 둥지 어미 새는
두 손 모으며 오늘도 하루를 연다

세월이 흘러 강산이 변하길 일곱 번
무정세월 마디마디 풀어놓고 보면
빛바래져 가는 노을빛에 회상의 날개
그 날개는 하늘 높이 나를 때도 있지만
출렁이는 바닷새로 흐를 때도 있다

하늘도 땅도 바다도, 작은 들풀까지도
어느 것 하나 소중하지 않으랴
사랑의 존재가 인생을 물들이듯
그로 인해 태양을 기다린다는 것을

가을비의 멜로

가을비 적시는 가로등 아래 서면
벚나무 가지 붉은 멜로디가 흐른다
지나는 자동차의 윈도 위에도
숨 막히게 내뿜는 매연 위에도
갈무리하는 숙명의 계절 이파리들이
허무의 음반으로 굴러다닌다

사랑의 시간들을 안으로 감춘 채
마디마디 맺힌 정든 가지의 눈물,
그 눈물 안으로 보듬으며
갈색 음률은 작별의 손을 흔든다

숨 가쁘게 사랑하고
숨 가쁘게 떠나가는 이 계절!
갈맷빛 추억은 어디에 걸어두고
한 토막 젊어진 계절의 이름으로
서걱서걱 갈색 노래만 흘리는 걸까

바람도 죽고, 한 점 티도 없는데
여름날의 푸르름도 어제 같은데
멀리서 소음은 빗속을 가르는데
뜰앞에 무심한 갈색 음반은
차곡차곡 땅 위에 쌓여만 간다

풀꽃 같은 벗이 있다는 것은

생의 귀로歸路에 섰을 때
이정표가 되어주는
진정한 벗 하나 있다는 것은
축복받은 일이다

허허로운 들판에
허수아비 하나가 들판을 지키듯
구름 나리는 우중충한 날
유머 한 마디로 긴장을 풀어 주고
막걸리 같은 웃음 한 사발로
허기진 가슴을 허허, 채워 주는
보리밥에 상추쌈 같은 벗 하나 있다는 것은
참, 축복받은 일이다.

곁에 있어도 멀리 있는 것보다
멀리 있어도 곁에 있는 것 같은
정 묻은 개울가 비비추 같은
풀꽃 같은 벗이 있다는 것은
참, 축복받은 일이다.

제5부

바다와 고래

안골포 왜성에 올라

내항의 바다 작은 포구
안골포 왜성에 가 보았는가
충무공의 승전지 안골포 해전
안골포 크고 작은 숨소리를
한 번쯤 들어 본 적이 있는가.
포구를 품어 안고 도는 굴 향기
초겨울 문턱에서 짜디짠 갯바람은
언덕 대숲으로 숨어들고
버둥거리며 던져진 굴 껍데기는
여기저기 작은 성을 이루며
한창인 이 계절을 노래하고 있다.

임진왜란이 남긴 흔적
조선왕조 오백 년이 어린 이곳
갈색 잡초 뉘어진 가파른 언덕배기
무너진 돌성 옆으로 휘감긴 마른 칡넝쿨
한해살이풀들이 마른 호흡을 하고 있다

아, 아, 누가 저 해풍의 휘청거리는
자디잔 하얀 포말을 보았다, 했는가
누가 섬뜩한 서릿발로 아늑한 포구
이 청색 물비늘을 탐하려 했던가

어머니 품속 같은 온화한 안골포이거늘
소금기 묻은 바람은 재생의 역사를 풀고
방파제 끝단에 서 있는 말 없는 등대는
시름에 젖은 명장의 얼굴로 우뚝 서 있다

아, 수장된 원혼 보듬은 저 담청색 바다
그리고 서쪽의 수로를 지키는 가덕도
성북왜성에서 눌차왜성까지
오르면 오를수록 짙은 푸른 물결 안골포
천년 세월을 두고 역사는 흐르고 있다

할미꽃 사랑

눅눅하기만 한 칠월 끝자락
전선 아닌 전선, 코로나 긴 전쟁 속에서
주말이면 기다리는 할미꽃이 된다.

장맛비 흘린 눈물 채 마르지 않은 흙의 맨살
지렁이 한 마리 숨죽이는 저물녘
옥상屋上 한, 켠 채전菜田 밭에는
붉디붉게 유혹하는 방울토마토들

저 작은달 하나 따서 톡 깨물고 싶다
그러나 차마 달을 따지 못한다.
주말이면 만날 어린 왕자님들이
익은 달을 찾기 때문이다.

작은 텃밭 한쪽 모퉁이 저쪽
시끌벅적 왕자님들의 웃음소리
먼저 익은 작은달부터 톡, 아삭아삭,
풋내 나는 푸르디푸른 작은달까지
아이들의 콧노래가 담을 넘는다
붉은 달 푸른 달이 저물고 있다

시월의 음반

은행잎, 떨어진 가로수 길 따라
갈색엽서가 가득 차 있습니다

한 닢의 푸르던 그대 흔적도
샛노란 바람에 실어가는 날
벌레 뜯긴 음반의 슬픈 곡조는
만나고 헤어지는 노래를 부릅니다

초승달을 품고 오다 지친 바람은
억새의 노래로 밤을 새우고
빌딩 숲 너머로 사라졌습니다.

그대 단풍 물 드리운 그 자리
시향 짙은 한 줄 문장이 흐르고
한 묶음의 사연, 던져 놓고 간 창가
벌레 뜯긴 한 잎, 맨살의 흔적에서
만나고 헤어지는 노래를 부릅니다

가을을 사랑하여 앓아본 사람은
풀 섶에서 울어오는 풀벌레 소리에도
흙 위에 떨어지는 갈잎의 음성에도
처연한 곡조에 따라 웁니다

노송의 고백

적적한 산야
모두가 가고 없는데
어느 조상의 선산을 지키느라
저토록 휘었단 말인가
지줄대던 산새들마저도
산 그림자 품에 잠이 들고
수리부엉이 부리를 감춘
울음소리 잦아드는 밤
휘어진 노송의 등 뒤로 살포시
상현달 하나 걸리는 밤이면
한 그루 등 굽은 소나무는
푸른 고독을 뿌리 속에 감춘 채
홀로 달빛 목금木琴을 탄다

어느 초여름 밤,
별똥별로 떨어진 별의 눈물
혼백마저도 떠나버린 멧기슭
적막하디 적막한 외딴 이곳
이젠 옛사람도 가고 없는데
지켜줄 무덤도 비석도 없는데
휘어진 허리 바위에 기댄 채

그 차가운 눈물, 누구를 위해
흘리고 있단 말인가
설운 전설 서리서리 감아 놓고
나이테의 짓눌려 노송이 되었구나
번개가 치고, 폭우가 쏟아지고
혹한 바람이 볼을 때려도
피할 수 없는 굽은 등으로 서서
어느 조상의 선산을 지키느라
이토록 굽었단 말인가.
아, 늦게 찾아온 나를 꾸짖어다오

울어매

옥비녀 동백기름 반지르르 바르시고
모시옷 삼베적삼 베틀 노래 달빛 실어
이 한 밤 귀뚤귀뚤 슬픈 가락 웬 말이오.

당신이 주신 선물 한 필의 고운 비단
접어둔 자리마다 옅고 깊은 주름들은
청옥빛 가을바람에 곱게, 곱게 다려서

겹겹이 묻은 먼지 강물에 헹궈내고
한 세상 고진감래 화폭에 담았노니
한 점 고운 그림, 걸어두고 볼 때마다

묵향에 묻어나는 당신의 노랫가락
묵정밭 흰 고무신 쑥대머리 만구 강산
초승달 지새는 밤, 이슬 밟고 오십니다.

바다와 고래

그대를 사랑하다 보니
어느새 하현달이 되었다.
하현달이 되고 보니
호젓한 새벽바람의 사공이 되고
사공이 되다 보니, 노를 저어 가야 했다.
그가 바람이면 따라서 바람이 되고
그가 파도면 따라서 파도가 된다.
그가 바닷새면 따라서 바닷새가 되고
그가 소라고동이면, 따라서 소라고동이 된다.
그가 갯바위면 따라서 갯바위가 되고
그가 해초면 따라서 해초가 된다.
그가 있어 내가 있고 내가 있어 그가 있는 것처럼
바다는 한 마리 고래를 품지만
고래는 바다의 세계를 다 알지 못한다.
가난한 것은 시지만 사랑한 것은 시인이다.
일 년을 하루같이, 거물을 던진다고
황금빛 어장을 꿈꾸는 어부가 되랴
한 잎 떨어지는 하루의 등 뒤에서
바다에는 오늘도 한 마리 고래가
높이 솟구치고 있다

코로나 19

사람과 사람이 나라와 나라가
총과 총이 전쟁인 줄 알았는데
눈에 보이지 않고 귀에 들리지 않고
하늘에도 땅에도 그 실체도 없는 것이
피 한 방울 흘리지 않고 숨을 거둬가는
우한에서 시작된 코로나 전쟁
지구촌을 쓰나미처럼 강타하고, 있다

무형의 공간을 건너 하늘에도 땅에도
격리隔離와 격리隔離 속에 공포의 거물
거리에도, 어느 곳에서도 소리 없는 폭탄이
터질지 몰라 마음 놓고 다닐 수 없는 세상
그 팬데믹 현실 속에 마비되는 삶의 터전
세계 경제 날개가 추락하고 있다.

쓰나미처럼 밀려오는 시대적 변화
어디 그뿐인가
스마트 속에서 뉴스 속보가 흐른다
진해 군항제 취소-
57년 만에 처음 있는 일이다
이월 매화마저 고개를 숙인 뜰 앞에 서서

하늘을 우러러 간절히 두 손 모으는 날
허공의 까마귀 울부짖는 소리는 또 한 사람,
죽음을 슬퍼하는 것일까.

운무

청산은 운무를 품고
운무는 청산을 품어
회색빛 사랑을 그리는 아침

산허리 금실, 금실 감도는
운무의 심장을 가로지르며
푸드덕, 산까치 한 마리
짹짹, 통신을 날린다

이 아침 어디로 보내는 것일까.
보리수 열매는 익어만 가고
청산을 품은 가슴은 넓기만 하고
수묵화를 그리는 운무의 마음은
측량할 수가 없다

나도 한때 운무 사색하는 저 산길처럼
빠져드는 운무 속에 앞을 보지 못하고
돌부리에 넘어진 곡조를 적지 않았던가.

한 점 바람 그립은 눅눅한 아침
회색빛 사랑, 운무의 심연을 본다

미완성

한 모금 샘물에 노래하는 산새
알 수 없는 영역 심연의 곡조는
반만년 울음 울어 그 마음 아실 이

태초에 신의 설정은 무엇일까.
있는 것이 곧 없는 것이고
없는 것이 곧 있는 것일까.

나고 멸함도 인연에 따라
생과 사는 무에서 유로
가고 온단 말 아닌가?

달을 품어 해를 만들고
해를 품어 달을 만들었을까.
천상천하 백 년 노래를 달고
공수래공수거 세월 기차를 타고 간다

벗어날 수 없는 기차의 선로
흙에서 와서 흙으로 가는 길
이 선로를 따라 백 년 종착역에 닿으면
천국과 지옥으로 다시 환승한다는 것일까.

흔적

시월 "차바" 태풍이 할퀴고 간 자리
뭍으로 떠밀린 작은 배들
바람은, 성난 고래의 울음만 남긴 채
바다 밑으로 숨어들고
반쯤 삼키고 내뱉은 무너진 선착장
그 맨살에 아파 우는 어촌 갯마을
새벽은 강이 되어 흐르고
질색하며 떨고 있는 유리창엔
몇 닢의 단풍잎만 살점을 잃고
애처롭게 붙어 빗물에 애원하든 날

휘몰아 때리던 굉음의 바람도
영원할 것처럼 거센 파도도
폭포같이 쏟아지던 빗줄기도
장대비의 고함, 소리도
내리치는 번개 천둥소리도
솟아오르든 물기둥의 당당한 기상도
태풍 지나간 시간 뒤 부서진 뱃전에
목맨 노래만 서럽도록 흐른다.

시월 차바가 할퀴고 짓밟고 간 자리
부서진 삶의 터전, 그 잔해
그 속에 신음하는 상처투성이의 몸부림,
짜디짠 바닷물을 토해내는 오후
"하늘은" 언제, 그랬더냐
부러진 솔잎 가지 사이로 내미는
저토록 따스하고 온화한 청옥빛 얼굴
그대, 보았다고 했던가.

제6부

제황산 전설

제황산 전설

삼백육십오 계단을 올라
옛 부엉산 진해 탑산을 둘러본다
산새가 부엉이를 닮았다 하여 부엉산

도심 빌딩 숲에 앉은 작은 산
아늑한 품처럼 속천항을 품고 있다
동쪽으로 장복산 서쪽엔 굴암산
북쪽으로 산성산이 바라보고 있다

부엉이 마을 작은 산, 언제부터인가
소리 없는 울음으로
눈물 없는 눈물로
영혼 없는 영혼으로
그 벽화가 전설을 채운다

임금이 나올 명당자리 제황산이라
일제 강점기 러일전쟁 승전탑을 세워
기를 꺾었다는 전설을 안고
옛 부엉산 제황산은 아늑한 눈빛으로
속천항을 바라보며 신령처럼 앉아있다.

혼불

천년고찰山寺에 풍경 소리는
산새 잠든 둥지를 흔들어 깨우고
적막하디 적막한 깊은 밤, 범종 소리는
허공을 흔들어 깨운다

어둠을 걷어 내는 휘젓는 흰 바람은
이따금 슬픈 산짐승 울음소리를 실어오고
저- 산마루 우뚝 선 고목은 별빛 아래
발목이 시리도록 차가운 밤

법당 안 염불 소리 향불에 감기우고
산자락 휘돌다 지친 작은 바람은
푸시시 문 틈새로 들어와
촛불 흘리는 눈물을 닦아주는 새벽녘

합장한 두 손, 그 숙연한 음색 위로
빛바랜 흑백사진 푸른 혼불 하나
찬 서리 여명 속에 새벽달로 떠간다

그대 반짝이는 별을 보거든

호수에 잠긴 달에 울어 새는 풀벌레는
한 줄 시가 뭐길래 영혼 없는 이름으로
시 줄 따라 운답니까

천상의 날개로 퍼덕이는 바람은
함초롬 젖은 풀밭 이슬 담아서
초연히 쓸어가는 바람의 이름으로
밤의 검은 얼굴, 닦아주고 간답니까

허허로운 들판에 허수아비 곡조처럼
빛바랜 악보 한 장 던져 놓고 간 자리
아무도 모르는 먼 목성에 노래

가지 끝에 걸린 서풍의 통곡도
비목에 스치는 풀꽃의 입김도
낡은 시집 속에 푸른 기억도
묻어둔 기억의 오랜 이름도
시 줄 따라 영롱한 북극성의 밤

먼 후일 – 아주 먼 후일
낡은 시집 속에 푸른 기억을
그대 반짝이는 별을 보거든.

누가 시간을 금이라 했던가

이 하루 꽃답게 피어나
삶의 노래에 음표를 붙이는 것은
소중한 하루의 음반이기 때문이다
나의 하루가 너의 하루가 될 수 없고
너의 하루가 나의 하루가 될 수 없듯이
맥박이 뛰는 한, 일 초의 시간인들
어찌 헛되이 보낼 수 있겠는가.

백 년이란 꽃잎 속에서
오늘도 피고 지고
일 년 삼백육십오일
하루하루를 엮어
심장이 뛰는 꽃잎을 만들고
그 일 년을 엮어서 백 년을 만든다

유효기권은 백 년
백 년 꽃잎 속에 달이 흐르고 있다
백 년 꽃잎 속에 등이 굽어지고 있다
백 년 꽃잎 속에 돌고 돌아가고 있다
한 잎 떨어지는 하루의 등 뒤에서
누가 시간을 금이라 했던가.

보리

나 그대의 결실 앞에
익어가는 법을 배우고 싶다
싱그럽게 스치는
신록의 바람을 껴안으며
그대 갈맷빛 가시 옷깃에
영롱한 눈물 한 방울로 녹아드는
촉촉이 안기는 이슬이고, 싶다

눈부시게 다가오는 햇살 속에
출렁이는 가슴 풀어놓고
유월의 뙤약볕 아래로 가서
순리를 따르는 향긋한 그대처럼
바람결 얼굴 비비며
누렇게 계절을 장식하는
들판의 그대를 닮고 싶다

하얀 겨울 차가운 땅,
고독의 긴 어둠 속에서
잉태한 이 알알들이
한 알의 이삭으로 몸을 푸는
유월에 보리밭에서

벚꽃 길에서

천국 가는 길이
이렇게 아름다울까.
피어서, 피어서
하늘에 닿은 사랑아
사월엔 너로, 하여금
연핑크빛 몸살을 한다

걸어서, 걸어서 이 계절이 다 가도록
맨발로, 맨발로 걷고만 싶은 길
하얀 드레스의 신부처럼
이 비단 꽃잎 길에서
망울망울 눈부신 사랑을 담는다

잉태한 축복의 계절에 젖어
사월의 바람이 인다
그리고 이유 없이 돋아나는
그리움을 앓는다

늪의 숨결

살아있으매 늪은 잠을 잔다
억년 세월 모래의 비밀을 품고
수많은 생명이 서식하는 이곳

수초 사이를 헤집는 청둥오리
스치는 녹색 향기 수면의 숨결들
나 또한 그 숨결 속에 작은 바람

저만치서 장대를 밀며 늪의 심장을
가로질러 나가는 쪽배 하나
신비의 낭만화浪漫化 전시 속에서
하늘 아래, 바람으로 나는 서 있다

물빛조차 보이지 않는 벨벳 같은 물풀들
그 융단의 표면 위로 생명체의 숨소리
늘 아늑하고 평온한 늪의 품속에서
갓 태어난 아가처럼 따습게 뛰고 있다

물안개 드문드문 얼룩진 저 하늘가
한 점 구름으로 쉬어가고 싶은 날에
나는 한 마리 붉은 따오기 가슴이 되어
녹색 작은 바람으로 우포늪을 날고 있다

애상

가을비 조용히 내리는 날에는
잉크 대신 물로 쓴 시가 흐른다

한 닢의 그리움 퍼덕이는 창가엔
빗물 머금은 가랑잎같이
무음의 곡조가 땅을 적신다

불러도 대답 없는 산은
먼발치 억새 숲에서 잠이 들고
가지마다 분분한 작별은 또다시
한 잎 눈물로 적셔놓는다

젖어서 접어버린 날개를 달고
하나의 선율에도 휘청이는 날엔
잉크 대신 물로 쓴 시가 흐른다

구두수선 부부

그는 여자다, 연초록빛 얼굴이다
수많은 행인이 오가는 진해 중앙시장 입구
세상에서 가장 작은 집 하나
나는 그곳 단골손님이다
서면 천장이 닿고, 옷깃만 스쳐도
떨어질 것 같은 옆에 있는 도구들
겨우 혼자만이 앉을 수 있는 공간
그기엔 언제나 해맑은 화초처럼
환한 미소로 무릎을 모으고
구두를 닦으며 수선하고 있다.

닳은 굽이, 새로 태어나듯
세월도 수선할 수 있다면 좋으련만,
덜컹덜컹 매연이 뒤엉켜 내려앉는 아스팔트 위로
수선집 앞 버스정류장에서는 제각기 삶을 실어 나른다.
숨 막히는 도심의 시끌벅적 소음,
이 소음마저도 그들에겐 베토벤의 월광곡일지도
빌딩의 그림자 석양에 몸 눕 때까지
구두 닦는 민얼굴의 여자, 보기 드문 여자

하늘이여!
둘이 앉을 수 없어 시린 혹한을 등에 업고
세월을 닦는 문 밖의 한 사람, 포럼한 얼굴
꿈의 노래 흐르는 한 쌍의 비둘기 집
볼 시린 밤이 오면
한그루 가로수 벚나무에 기댄 채
그 아래 웅크린 비닐 작은집
누가 말하지 않아도 도심의 밤 가로등은
오늘도 환하게 구두수선 집을 지키고 있다.

生은 기차를 타고

긴 철로의 목쉰 울음을 들으며 산을 넘는다.
시커먼 동굴을 지나 나목들 사이로
철커덩 칙 푹 철커덩 칙 푹

푸른 병사처럼 서 있는 소나무
펼쳐진 갈색 숲 검은 바위만이
초겨울 길목에서 떨고 앉아있다

벼 뿌리만 남은 빈 도랑
스쳐 간 농부의 발자국
갈라진 거북 등 그 위로
황금빛 햇발만 걸어 다닌다

이렇게 좋은 날에
이렇게 좋은 날에
억새는 옥 같은 하늘을 이고
수정 같은 허공에 머리를 푼다.

종착역은 서울
너와 나, 인생의 종착역은 어디일까.
오늘과 내일이 쉬지 않는
지구의 수레바퀴 선로를 따라
우린, 어느 역쯤 지나고 있는 것인가.

제7부

시의 날개를 펼쳐라

꿈의 노래

우리는 하늘을 바라보며
세상은 그런 거라 달랜다
험하고 거친 바다 만지며
인생의 아픔도 달래 본다

이 계절 지나면 꽃이 피고
내 인생 아름답게 피겠지.
너와 나 노트에 무엇을
무엇을 느낌으로 채울까.

살아가는 가슴에
꿈 하나 슬픔 하나, 없고서야
허공 속에 잠 못 드는 바람 같은 거

태양처럼 살고 싶어서
이끼 덮인 담장에 기대 울고
바다같이 깊은 사랑 하고 싶어
꿈 많던 내 청춘

가는 저 세월에 빛바래도
꿈의 노래 날개에 가득 달고
저 창공을 달구며 날아가는
뜨거운 태양의 새

할미꽃 넋

따사로운 햇살 비껴간 봄날
언덕배기 무덤가에는
부는 바람에 휘청거리는
등 굽은 백발이 외롭다.

보풀 한 털옷에 고개를 떨군
등 위로 개미가 기어올라도
아무런 말이 없는 당신
바람이 볼을 때려도
그저 숙이고 또 숙이는 당신

한 서린 전설
붉은 속살에 숨긴 채
아무도 찾아오지 않는
아무도 불러주지 않는
침묵만이 덮인 이곳

행여 장가간 아들이 오려나
행여 시집간 딸이 오려나
산 아래 작은 길만 바라보는
등 굽어 지쳐 버린 이마 위엔
하얀 빗방울, 눈물 되어 흐른다.

사월이 오면

사월이 오면 벚꽃 천국 문이 열리고
아시아를 거쳐 유럽인까지 탑산 밑에는
모노레일을 타기 위해 길게 줄을 선다
아름다운 해변의 도시! 진해 벚꽃축제
그 시절 언제쯤 만날 수 있을까.

세계인이 붐비는 십 일간의 장터
벚꽃 만나러 온 사람들만큼이나
난리 벚꽃 장이던 수많은, 사람들
사월에 갇혀 나올 수 없었던
그때 사월이 그리운 날
거리의 불을 피우는 동백

그러나 지금은 코로나 시대
전선 아닌 전선 코로나 긴 전쟁
이 전쟁이 언제쯤 끝날 것인가.
벚꽃 장터엔 구수한 엿장수도
막걸리 한 사발에 휘청이던 다리도
걸쭉한 입담의 목쉰 각설이도
세월 속으로 영영 묻히는 것일까.

인파의 물결 북적이던 중원 로터리
그 시끌벅적한, 십 일간의 벚꽃 장터
하염없이 내리는 사월 꽃비 속에서
휘어 도는 바람만 거리를 헤맬 뿐
전설이 흐르는 이곳 옛 부엉산에는
코로나 뉴스만 흐르고 있다

거리의 악사

어느 날의 폐간이역 낡은 벤치 앞에는
집시의 탄식이 흐르고
그는 해무에 휩싸인 섬처럼 얼굴이 없다.
베레모에 가린 채 깊은 수염만이
소슬한 바람에 너울거릴 뿐,
악보는 영혼의 날개를 달고 허공을 메웠다.

가을비 스쳐 간 자리 거리의 악사
빗물 걷다간 창가, 아직 남은 눈물이 흐르고
애절히 녹여내는 음률은 놀 빛 몸 감은 갯가에
한 마리 백로를 보는 듯 지나가는 눈과 귀는
허공에 걸린 채 뒤돌아보며 간다.

빛바랜 청바지 가난한 무대
어디든 어느 곳이든 관중이 있고 없고
별빛 따라 흐르는 거리의 악사
이끼 덮인 골짜기 흐르는 물처럼
저 홀로 취해 부르는 고독한 거리에서
재생되는 음반은 가을비를 닮았다.

우수수 한 줌 바람이 야속타
간간이 빗소리는 흐느끼는데
외방을 떠도는 가난한 무대
빈 가슴 헤집듯 파고드는 집시의 탄식
어느 날의 폐간이역, 거리의 악사……

천상 대기실

지금 막 한 켤레의 신발을
벗어놓은 설움도 모른 채 떠난 이가 있다
내일은 누가 또 한 켤레의 신발을 벗고
이 대기실 문을 열고 불려 갈 것인가.
저무는 수많은 노을 노을들

그곳에는 제각기 삶의 노래를 달고
배를 타기 위한 사람들로 가득한 지금
기쁨도 슬픔도 모르는 삶의 끝자락
이 세상 누군들 천상의 배를 타지 않으랴
날이 날마다 똑같은 옷을 입고 똑같은 침대에서
희미한 눈으로 서로 바라보다 사라지는 저 별들이여

지난날 분명 이곳 이 자리에 계셨는데
주인 없는 창가 빈 침대
말없이 누워있는 한 줌 햇살뿐,
짧은 백발에 움푹 팬 눈
눅눅한 사탕을 내밀던 희어진 마디의 손
식어가는 혈관, 마지막 남은 피 한 방울이라도
일으켜 세우려고 애썼건만
아, 아, 메말라가는 나뭇잎이 강풍에 어이 견디리

그 어떤 외로움도
그 어떤 보고픔도
참고 견딘다던 떨리던 목소리 어디로 갔을까.
꺼져가는 모닥불 앞에서 빈방을 휘감는
그 소리 자식을 위해서 자식을…….

젊은 날의 푸르름도 세월의 뒤안길로 사라진 지 오래
그 오래된 삶의 묵정밭에서 저문 서녘 하늘가
너와 나의 별도 저물지 않는 법 있으랴
타인의 손길 작은 정이 배인 이곳
정녕 이곳 품 안이 집보다 편했을까.
돌아올 수 없는 대기실 앞에서
오늘도 천상의 배를 기다리는 사람들

삼포로 가는 길

새벽이슬 털며 계곡을 건너는 노루같이
산사에서 내려오는 여승의 젖은 발걸음같이
흰 바람 침묵하는 삼포로 가는 길목
소금 내음 마시며 푸시시 아침을 연다

예로부터 아름다운 금수강산 고요한 아침
동방의 나라라고 했든가
사시사철 수묵화 같은 한 폭의 바닷길
아늑한 해변을 따라 삼포로 가는 길

작은 포구 홀로이 안기는 바닷새의 자유
해풍으로 스케치하는 영혼 속에 자유
아름다운 작품들을 색칠하는 아침의 자유
오라는 사람 없어도 이미 이곳에 와 있다.

밀물 누웠다간 자리 그 모랫길
이름 모를 풀꽃마저 영혼이 자유로운 아침
피어있다는 것 살아 숨 쉰다는 것
걷고 있다는 것, 피어있다는 것
해송 늘어선 휘어진 해안 길 따라
간간이 찰싹이는 숨소리를 들으며
추억 묻은 노래비 앞을 지나가고 있다
나도 따라 삼포로 간다네.

봄의 연가

너를 잉태하기 위해
지난가을을 땅에 묻어야 했다
겨울이란 거인 앞에 알몸으로 서서
혹한의 바람과 살을 비벼야 했다
벚나무 이름으로 마디마디
봄의 연가를 불러야 했다

고드름 같은 하늘 저 끝에
어둠을 타고 내려오는
별빛의 흘린 눈물을 받아먹어야 했다
서릿발 내린 어깨 위로
새들의 발톱으로 할퀴고
그 흔적의 튼살 위로
시린 고독을 덮는 긴 밤

말없이 기다린다는 것
안으로 눈부신 꿈을 키운다.
연기처럼 허공을 가르는 이 따스한 입김
이 하얀 계절이 너무 길다.
까치가 노래하지 않아도 아침은 열리고
얼음 풀리는 계절의 길목에 서서
망울망울 사랑을 풀어 보리라
하늘을 가득 안아 보리라

하현달

빌딩 숲 사이로 고요히 걷고 있는
창백한 그대 얼굴을 보았습니다
비에 젖은 수국의 빛깔로
처연하게 바라보는 그 눈빛은
새벽 별을 안갯속에 가두었습니다

음력 초하루를 저만치 두고
소음을 다독이는 도심의 밤은
삼경을 지나 깊고 고요한데
창가에 어린 이 먹먹함은
젖어 있는 그대 눈빛 때문인지요

흰 바람 걸린 잣나무 가지 끝에
여명과 함께 새들이 찾아오면
그대 처연한 그 눈빛을 거두시고
새벽 별의 품으로 오시렵니까

초승달

저 문산 저 하늘가
새색시 꽃신 하나
밤의 침묵 안고
교교히 가고 있네

젖은 눈동자
말없이 바라만 보는
저 별아

바람은
가지 끝에 시리고
물든 나뭇잎은
내 안 정원에서 쌓이는데

새벽 별
창가에 놀다 갈 때면
또 한밤
잎새 되어 떨어지누나

시의 날개를 펼쳐라

시로 해가 뜨고
시로 해가 지는 것도 모자라
아예 시를 베고 잔다.
물을 먹는 하마보다 더한 갈증으로
읊어도, 읊어도 채워지지 않는 것이
시 낭송의 굴레이다

계절이 오갈 때마다
계절의 시를 안고 노래한다
눕히고 앉히고 분석하고,
펜을 들고 신음하는 모니터 앞에서
흰 가운의 주인공처럼 시를 해부한다.

시라는 문패마다 설움도 갖가지
삶의 노래도 갖가지다
어느 곳을 절개하고
어느 곳을 꿰맬 것인가.
나목처럼 책 속에 누워있는
이 앙상한 영혼들에게
어떤 색깔의 생명을 불어넣고
어떤 색깔의 꽃으로 피어나게 하고
어떤 색깔의 날개로 저 창공을 날게 할 것인가.

검은 눈동자처럼 바라보는
음표도 없는 이 묵언들을
하나의 꽃으로 피어나기까지
하나의 날개를 달 때까지
하나의 영혼으로 일어서기까지
시로 해가 뜨고 시로 해가 진다

저술著述 노트

詩人 신승희申承熹

시의 풀밭에 영혼의 이슬이 내릴 때마다 엮은 언어들의 한 줄 문장들을 데리고 시와 손을 잡고 오랜만에 세상 밖을 산책하는 기분이다. 눈부신, 햇살 아래 향긋한 풀 내음처럼 읽는 이의 마음에 산소가 되었으면 한다.

무딘 펜 끝에서의 고뇌는 늘 느끼지만 나에게 있어서는 도道를 닦는 일이다.

하여 내 영혼의 세계관을 다듬는 일은 기도이자 삶의 발자국을 남기는 일이기도 하다. 사람이 살아가면서 느끼는 네 가지 감정처럼 희로애락의 본질을 벗어날 수 없듯이 시라는 문패 앞에서 기쁨도, 성냄도, 슬픔도, 즐거움도 사물적 관념으로 노래할 수 있기에 이것이 시의 본질이요 아름다운 감각적 효과에 매기는 미학적 가치인지도 모른다. 언어예술의 한 장르로서 시라는 존재는 때로는 솔잎 향기처럼, 때로는 은은한 장미의 내음처럼, 때로는 정신적 지주처럼, 아이러니하면서도 피톤치드 같은 산소로 다가온다.

한 편의 명시는 그 시인의 정신적 세계관에서 태어난다고 본다.

삶의 굴곡 속에서도 느끼고 깨달음이 없다면 어찌 시를 쓸 수 있겠는가? 언어의 엑기스를 추출하고, 사물적 비유법을 도모하고, 같은 표현을 막기 위해 시인은 한 채의 집을 짓는 것처럼 많은 언어의 자재들을 고른다. 고른 후, 남은 자재들은 사정없이 다 버린다. 이것이 시의 퇴고다. 그 안에는 눈물도 있고 아픔도 있고 사랑도 있다. 이것이, 시라는 영혼의 세계관이라고 말할 수 있을 것이다.

나는 이번에 시선집 『설화雪花』를 출간하게 된 것을 기쁘게 생각하며 낭송하기 좋은 시들을 한 권의 책에 묶어 보았다. 하여 『어머니의 강』, 『바람의 언덕에서』, 『곰메바위 아리랑』 등 3권의 시집에서 추출하여 엮어 본 것이다.

시선집 제목인 '설화'는 때가 되면, 어김없이 찾아오는 계절의 철칙 앞에 우리의 백 년 또한, 때가 되면 나뭇잎처럼 떨어지는 것을...... 생이 자연과 뭐가 다르랴, 세월과 시간 앞에 그 허무의 이파리들을 시로 엮은 노래들이다.

광설이 춤추는 긴 겨울
숨죽여 우는 설원의 땅 위에
허공을 외치는 작은 새는
하얀 미학의 노래를 부릅니다.

지난가을, 한 잎 두 잎 떨어지는 것이
낙엽 아닌 시간이라는 걸 일면서도
얼어붙은 빙하 붉은 입술의 동백을
나인 양 홀로이 바라봅니다.

그대 하얀 옷깃이 넓어
나목의 맨살을 에워싸며
언제까지 소복이 핀 순백의
설화雪花로 세상을 온통 하얗게
하시렵니까.

실어오고 실어가는 계절에
저 처마 끝, 고드름같이
언젠가 하나의 삶이 녹고 나면
설 눈 속, 복수초의 노란 미소로
피어날지…….

「설화」 중에서

제2의 고향인 진해 유적지와 「신화나 전설」, 「임진왜란이 남긴 발자취」와 아름다운 해변의 도시 유서由緖 깊은 고장 창원 진해를 다룬 시 몇 편만 소개할까 한다.

어둠 속에 전설은 더욱, 선명하다
한줄기 영롱한 빛을 따라
전설은 서투른 날갯짓으로
초저녁 흘리는 달빛 아래 퍼덕이고 있다

(중략)

아리랑, 아리랑 아라리요
밤하늘 곰메가 부르고 있다
조선이라는 태를 두르고 순종의 무병장수
명성황후 백일기도, 한 맺힌 역사가 전설 속에
흐느끼고 있다

곰메여
한마디 말도 없는 곰메여
웅산 정상에 묻힌 전설이여
외세의 말발굽에 짓밟혔던 아리랑이여
단 한 번, 흰 바람이라도 붙잡고
곰메의 가슴을, 풀어놓고 싶지 않은가.

명성황후도, 비련의 아천자도, 할배 할매도
넋이 감겨 우는 거암 시루봉 곰메여
아리랑, 아리랑 아라리요
강물은 흐르고 있다
강물은 흘러도, 저 시리도록 푸른 별들
억만년 그 자리에 있었으리라
곰메여, 눈을 뜨고 말이다」

「곰메바위 아리랑!」 중에서

시루봉 곰메바위는 오랜 옛날부터 우리 고장의 진산으로 신라 시대에는 전국의 명산대천에 국태민안을 비는 제사를 지내던 명산으로 알려져 있으며, 고을에 춘추로 대제를 지낼 때는 "웅산 신당"을 두어 산신제를 지냈다고 한다. 명성황후가 세자 책봉 후 전국의 명산대천을 찾아 세자 순종의 무병장수를 비는 100일 산제를 드렸다는 명산이다. 한때 일제강점기 왜구의 "항해" 표적이 되기도 하였다고 전해오고 있다.

곰메바위는 멀리서 볼 때 임금의 왕관처럼 보이기도 하고 떡시루처럼 보이기도 한다고 해서 일명 시루봉이라고도 한다. 저자의 거실 창문을 열면 마주 보는 시루봉은 초승달이 뜨는 초저녁이면 더욱 환상적이다. 왕관처럼 생긴 곰메바위 어깨 너머로 눈썹달이 사뿐히 고개를 내밀며 수줍은 새색시처럼 밤하늘 품에 안긴다.

어디 그뿐인가? 일제강점기 이 곰메바위에서 할배 할매 코와 귀를 베어 소금에 절여 전쟁의 공적으로 삼았다는 전설은 가슴을 먹먹하게 한다. 또한, 아천자라는 기생과 일본 통역관의 사랑 이야기도 저 시루봉 가슴에 묻혀 있다. 곰메에 앉아 대마도를 바라보며 하염없이 기다리다 숨졌다는 아천자의 전설을……. 하여 이 곰메바위 아리랑을 쓰지 않을 수 없었다.

이어서 웅천읍성의 삼포왜란三浦倭亂 그 발자취를 더듬어 본다.

삼포왜란三浦倭亂 그 발자취
고스란히 남아 있는 이곳
동문의 견룡문見龍門
서문의 수호문睡虎門
남문의 진남루鎭南樓
북문의 공신문拱宸門
세종실록의 역사가 흐른다

오백 년 사직, 충혼이 서린 이곳
돌성을 쌓기까지 오랜 세월!
무어라 한 서린 전설만 남긴 채

옛 성터는 보이지 않고
성벽에 흐르는 묵언의 흔적들,
왜 세의 말발굽에 짓밟힌 황톳길
그 성벽 밑으로 나부끼는 몇 잎의 가을 엽서
듬성듬성 서걱이며 우는 바람은
동문, 서문, 남문, 북문을 두드리고 있다

어둠 풀리는 서녘 하늘가
저 담청색 바다는 곱기만 한데
안골포 왜성 위로 나르는 한 줄 기러기는
충무공의 호각 소리를 기억하고 있을까
견용루見龍樓 서녘 하늘 유적지에서
웅천읍성 옛 노래를 띄워 본다.

「**웅천읍성**」

창원 웅천읍성昌原 熊川邑城은 경상남도 창원시 진해구 성내동에 있는 읍성이다. 1974년 12월 28일 경상남도의 기념물 제15호로 지정되었다. 임진왜란 때에는 고니

시 유키나가가 이곳에 머물기도 했으며 외교 군사상 중요한 위치를 점하고 있었기 때문에 고대부터 근현대까지 역사가 깃들어 있다. 읍성이란 군이지만, 현 주민을 보호하고, 군사적·행정적인 기능을 함께하는 성을 말한다.

웅천은 삼국시대부터 조선 시대 이르기까지 다양한 성곽, 조선의 최초의 개항장이던 제포 왜관이 설치되어 조선전기에는 한일 간의 문화, 문물교류의 중심 역할을 했으며 조선 세종 16년(1434)에 처음 축조되었다고 한다, 이곳은 1407년 일본과의 관계유지를 위한 목적으로 항구를 열어 무역을 하던 곳인데, 일본인의 불법 이주가 많아지자 이를 막고 읍면을 보호하기 위하여 읍성을 쌓았다. 문종 원년(1451)에는 왜구의 침입을 막기 위해 동·서·북에 수로를 만들어 성 일부를 확장하였고. 중종 5년(1510)에는 삼포왜란으로 일시 함락되기도 하였다. 하여 조선 시대의 그 암울했던 역사의 발자취를 웅천읍성 성벽을 통하여 어렴풋이나마 시대적 아픔을 느낄 수 있으며 어느 가을날에 견용문 성곽에 올라 느낀 점을 한 편의 시로 지어 본 것이다.

이어서 나라를 구한 훌륭한 위인으로부터 오늘날에 감사의 두 손 모으며 안골포 왜성에 올라가 본다.

내항의 바다 작은 포구
안골포 왜성에 가 보았는가
충무공의 승전지 안골포 해전

(중략)

임진왜란이 남긴 흔적
조선왕조 오백 년이 어린 이곳
갈색 잡초 뒤 여진 가파른 언덕배기
무너진 돌성 옆으로 휘감긴 마른 칡넝쿨
한해살이풀 들이 마른 호흡을 하고 있다
아, 아, 누가 저 해풍의 휘청거리는
자디잔 하얀 포말을 보았다, 했는가
누가 섬뜩한 서릿발로 아늑한 포구
이 청색 물비늘을 탐하려 했던가
어머니 품속 같은 온화한 안골포이거늘
소금기 묻은 바람은 재생의 역사를 풀고
방파제 끝단에 서 있는 말 없는 등대는
시름에 젖은 명장의 얼굴로 우뚝 서 있다

아, 수장된 원혼 보듬은 저 담청색 바다
그리고 서쪽의 수로를 지키는 가덕도
성북왜성에서 눌차왜성까지
오르면 오를수록 짙은 푸른 물결 안골포

천년 세월을 두고 역사는 흐르고 있다

「안골포 왜성에 올라」 중에서

안골포 하면 먼저 이순신 장군 동상과 함께 안골포 대숲에 스치는 갯바람과 아늑한 포구의 은빛 물비늘이 떠오른다. 그리고 굴 껍데기, 안골포의 짜디짠 소금 내음, 왜성 정상에 있는 돌담과 마른 칡넝쿨 목제 데크로 만든 긴 계단이 나의 뇌리를 스친다.

안골포해전安骨浦海戰은 1592년 8월 16일(음력 7월 10일) 조선 수군이 경남 진해에 있는 안골포에서 일본군을 격멸한 해전이다. 이틀 전인 7월 8일에 한산도에서 왜군을 섬멸한 이순신은 안골포에도 왜군이 있다는 정보를 받고 곧장 조선 수군을 이끌고 이동하여. 한산도 해전에 이어서 대승리를 거둔 안골포 해전으로 기록되어 있다. 역사는 흘러도 그의 애국심과 리더십은 우리들 맥박에 함께 뛰고 있다.

지금도 안골포에 가면 하늘 누리 찻집에 앉아 안골포 등대를 바라보며 이순신 장군의 리더십을 생각한다. 이어서 제황산 전설 속으로 들어가 본다.

삼백육십오 계단을 올라
옛 부엉산 진해 탑산을 둘러본다
산새가 부엉이를 닮았다 하여 부엉산

도심 빌딩 숲에 앉은 작은 산
아늑한 품처럼 속천항을 품고 있다
동쪽으로 장복산 서쪽엔 굴암산
북쪽으로 산성산이 바라보고 있다

부엉이 마을 작은 산, 언제부터인가
소리 없는 울음으로
눈물 없는 눈물로
영혼 없는 영혼으로
그 벽화가 전설을 채운다

임금이 나올 명당자리 제황산이라 하여
일제 강점기 러일전쟁 승전탑을 세워
기를 꺾었다는 전설을 안고
옛 부엉산 제황산은 오늘도 아늑한 눈빛으로
내항의 바다 속천항을 바라보고 있다

「제황산 전설」

전설이 살아있는 제황산은, 원래 부엉이가 앉아있는 산세여서 “부엉산”으로 불리다가 광복 후 임금이 나올 명당자리라는 풍수지리설에 따라 이름을 바꿔 오늘날에 제황산으로 부르게 되었다. 365 계단의 제황산에는 부엉이 그림으로 계단과 벽면을 채우고 있으며 일제 강점기 러일전쟁 전승기념탑을 세웠으나, 해방 후 러일전쟁 전승기념탑을 철거하고 1967년 진해, 해군 군함의 사령탑을 상징하는 9층 탑으로 다시 건립된 것이 일명 진해“탑산”으로 불리기도 한다.

제황산은 진해군항제 벚꽃 축제 때는 모노레일을 타고 오르내린다. 유서 깊은 고장으로 우리나라 최남단에 있는 아름다운 해변의 도시! 호수 같은 바다, 벚꽃의 고장 진해! 아름다운 이곳에 독자들을 초대하여 북 콘서트를 열고 싶다. 하여 제황산 아니 탑산을 노래하고 있는지도 모른다.

여기서 진해 중앙시장 어물전을 들어가 본다.

진해 중앙시장 지하 어물전에 가면
하나둘, 문을 닫은 점포들이 왠지 서글퍼진다
저물녘은 아직 먼발치에서 서성이고 있건만
서둘러 펼친 어물전은 불이 꺼지고
수족 간 너머로 비릿한 생선 내음만
노파가 앉았던 자리를 쓸쓸히 메우고 있다

몇 달 전만 해도 이곳에서
조기를 사고 해조류를 샀건만
등 굽은 백발 할머니는 보이지 않고
텅 빈 노점에 고무줄로 묶은
비닐 더미만 덩그렇게 앉아있다
얼마 안 가서 세월의 뒤안길로 사라지면
그리워질 어물진

이분들이 세상을 떠나고 나면
장사할 그 아무도 없다는 숙덕임이
먼발치에서 비릿한 내음에 섞여 귓가에 들린다
한 시대의 노래가 저물어가는 어물전
나 역시도 오랜만에 찾은 재래시장이니 오죽하랴
깎아 주고 덤으로 더 얹어주는 인정미
그 인정미도 하나둘 저물고 있다

모닥불처럼 꺼져가는 어물전 앞에서
스마트 시대 밀려 세상이 달라지고 있다
수많은 사람들이 북적대는 대형 마트에는
환한 불빛이 도심의 거리를 활주하고 있다

「**어물전**」

시대가 시대인 만큼 대형 마트에 밀려 어물전 소상인들이 문을 닫는 실정이다. 어디 그뿐인가. 소상인들의 노래는 온라인 쇼핑몰에도 밀리는 세상이다. 오프라인 소매장들이 허리가 휜다. 어쩔 수 없는 현실을 받아들여야 하지만 한 시대가 저문다는 것이 오늘의 삶을 더욱 숨 가쁘게 하는지도 모른다. 이러한 시대적 흐름 속에서 '코로나 팬데믹'을 만나 엎치고 덮친 격이다. 이어서 지난 4년간의 「소리 없는 전쟁」이라는 시 한 편으로 그때의 시간을 회상해 본다.

처음엔 스쳐 가는 바람인 줄 알았는데
뜨거운 태양의 계절, 여름이 오면
이 전쟁은 끝날 줄 알았는데
봄, 여름, 가을이 가고 겨울이 와도
뉴스 채널마다 내리치는 코로나 번개

죽음마저도 우아하게 떠날 수 없었던
저– 밤하늘 크고 작은 희미한 별들
이천이십, 수많은 코로나 별인지도 몰라
추락도 접어서도 안 될 삶의 분기점
하늘을 나는 백학처럼 하얀 영혼의 날개 날개들
그 날개는 바람 앞에 깃털처럼 휘적이노니
항해하는 생의 뱃길 위에 어디 이뿐이랴

소국小國과 대국大國의 하늘길마저도
마비된 삶의 터전은 혈전처럼,
지구촌 혈관을 잘 흐르지 못하고
공포는 소리 없는 폭탄으로 무형적 공간을 휘돌며
마디마디 저리는 저마다의 가슴, 가슴들
하늘이여 정녕 모르시나이까?

(중략)

서리 까마귀 우짖는 아침,
떨어진 낙엽의 목쉰 노래가 이토록 슬플까.
아, 아, 사람과 사람이 자유도 행복도
얼굴 없는 마스크 가면에 갇혀
언제까지 이렇게 살아야 하는지를
진정, 묻고 싶은 저- 하늘에

「**소리 없는 전쟁**」

우한에서 시작된 코로나19는 지구촌을 강타하며 수많은 생명을 앗아 갔다 격리隔離와 격리隔離 속에서 마스크 대란과 가족관의 격리는 암담하고 침울할 뿐이었다. 병원마다의 아우성, 학교마다의 온라인 수업, 어찌 전쟁이라 아니할 수 있겠는가. 전 세계가 몇 년 동안 완전히 마스크를 벗지 못하고 있는 현실이라는 어둡고 긴 터널을 하루빨리 통과하고 싶었다. 그렇다. 자동차처럼 터널 밖을 주행하고 싶다. 나와서 환한 햇살 아래 고속도로를 질주하고 싶었다.

「소리 없는 전쟁」은 코로나 팬데믹이 한창이었던 2020년에 쓴 작품으로 이미 유튜브 채널에 영상작품으로 많은 사람들이 공유하고 있다고 본다. 지구촌이 한마을이듯이 지구촌 혈관이 잘 돌기를 바라는 마음이다.

수반에 꽂인 이월 매화 가지가 산소가 되듯이 한 편의 시를 통하여 독자의 가슴에 힐링의 시간이 되기를 바라며 「어머니의 강」으로 마무리한다. 연못가 풀꽃이 촉촉이 피어나듯, 사색하는 영혼의 날개 위에 맥박이 뛰는 시의 숨결로 넋두리처럼 적은 저술의 노트를 접으면서 펜을 놓는다.

어머니!
혹한 바람이 내 창을 두드리는 겨울밤엔
다문다문 잊었던 당신을 떠올리게 합니다.
지난밤 꿈속에서 당신을 만나
한없이 울었던 기억도 깨어나 보니
이유도 없이 그냥 슬퍼서입니다.
어찌 그리도 서럽던지

아직도 그 설움, 채 가시지 않는지라
노인들의 소식을 접할 때마다
문풍지 유난히 울던, 그해 겨울을 잊지 못합니다.
푸른 별빛 스며드는 시린 문살엔
한지의 설움이 노래하고
새끼줄 묶은 누런 초가지붕 아래
상삭불 시피고도 추울세라
겉치마 하나 훌훌 말아서
문지방 막아 놓으시던 어머니
그 빛바랜 치맛자락
새삼 눈앞에서 흘러내립니다.

어머니, 오늘 같은 추운 밤이면
부르기에도 목이 메어오는 당신
반딧불 같은 기억 저편
바느질로 지새우던 섣달의 긴긴밤
애야 바늘귀 좀 끼워다오
등잔불 밑에 희미한 당신
이토록 가슴 저리게 하십니까.

평소, 인생무상이다
내 손이 내 딸이구나
이것이 무얼 의미하는 건지 그땐 몰랐지만
살아갈수록 되새겨지는 깊은 영혼의 파장

굳이, 그 음성 귀 기울이지 않아도
시시때때로 파도처럼 밀려옵니다.

살 속 깊이 파고든 무심의 강
그 무심한 등쌀에 밀려 그 소녀 역시도
바늘귀 좀 끼워 달라시던 당신처럼
어느새 그 자리를 바라보는 언덕에 섰습니다.
그 무심이란 세월 한 모퉁이를 돌아
이 제사 알 것 같다는 말을 할 무렵
이미 살 속 깊이 전이된 세월 덧없음을
어머니, 어머니 당신은
그때, 알고 계셨던 것입니다.

「어머니의 강」

설화

초판 1쇄 2023년 05월 31일

지은이 신승희
발행인 김재홍
디자인 현유주
교정 · 교열 김혜린
마케팅 이연실

발행처 도서출판 지식공감
브랜드 문학공감
등록번호 제2019-000164호
주소 서울특별시 영등포구 경인로82길 3-4 센터플러스 1117호 (문래동1가)
전화 02-3141-2700
팩스 02-322-3089
홈페이지 www.bookdaum.com
이메일 jisikwon@naver.com

가격 15,000원
ISBN 979-11-5622-793-9 03810

문학공감은 도서출판 지식공감의 인문교양 단행본 브랜드입니다.